*Robert de La Sizeranne*

# L'Anachronisme dans l'art

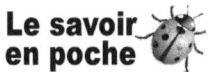

**Le savoir en poche**

*Robert de La Sizeranne*

# L'Anachronisme dans l'art

Le savoir
en poche
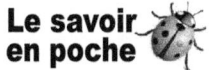

# Table de Matières

## Section I

Depuis quelques années, une tentative assez étrange attire les regards et provoque la discussion de ceux qui suivent le mouvement esthétique en France et à l'étranger, aussi bien au *Salon* du Champ-de-Mars qu'au Palais de Cristal de Munich, ou au *Künstterhaus* de Vienne. Ce spectacle archaïque à la fois et nouveau, déplaisant et attirant tout ensemble, qui irrite notre goût, choque notre érudition, scandalise notre religion, mais éveille notre curiosité et aiguise notre sens analyste, c'est celui des scènes du Nouveau Testament accommodées à la moderne, transportées sur la butte Montmartre ou dans une hôtellerie bavaroise ; c'est le Christ franchissant dix-neuf siècles et six cents lieues, et venant, en dépit des archéologues et des ethnographes, prêcher parmi les blouses de nos prolétaires ou les redingotes de nos capitalistes son Évangile un peu oublié. Tout le monde se rappelle avoir vu au Salon de 1891 cette pécheresse en robe de bal prosternée aux pieds du Christ qu'entouraient, en guise de Pharisiens, quelques notabilités parisiennes prenant leur café. Un peu plus loin, une Madeleine en costume finlandais pleurait en reconnaissant le Christ ressuscité au bord d'un lac polaire. On voyait encore le *Fils de l'Homme*, en veston, parcourant les villages dont on lui amenait les malades, comme à une espèce d'officier de santé, à la barbe des guérisseurs officiels et patentés. L'an dernier, nos peintres nous montraient encore le Christ à chaque pas : sur une terrasse des Tuileries où il catéchisait des enfants en rupture d'école primaire ; dans une ferme de nos vieilles provinces où il rompait le pain d'Emmaüs devant des manouvriers stupéfaits. puis à la table d'une famille de petite bourgeoisie parisienne. Enfin, on le voyait mort, raidi, blafard, sur les hauteurs de Montmartre, dans la brume et dans la boue, mis au linceul par des ouvriers, des électeurs de M. Joffrin, des bohêmes, de vieilles dévotes, tandis qu'un « galvaudeux » en blouse montrait le poing à la ville qui avait laissé périr le juste. Précisément à la même époque, les personnages de l'Évangile faisaient leur entrée sur la scène. Ici, un monsieur en habit noir parlait « d'aller rejoindre Dieu son père » ; là, des marionnettes suivaient de toute la vitesse de leurs petites jambes l'étoile de Bethléem. On organisait tout au Vaudeville pour la descente de l'archange Gabriel et une longue procession de ces dilettantes de religions qui entendent la messe au musée Guimet et les vêpres au Montsalvat de Bayreuth, s'acheminait vers un petit village de Bavière pour y voir un sculpteur sur bois expirer entre deux larrons. Devant ce retour offensif du Christ dans notre société

Robert de La Sizeranne

pourvue du suffrage universel, de l'électricité, de l'école obligatoire, beaucoup de gens se montrent aussi scandalisés que s'ils voyaient un évêque entrer dans un cabaret. Ils ont envie de lui crier qu'il se trompe de siècle et qu'il veuille bien rester avec les admirables rabbins de M. de Munkacsy, avec les proconsuls de M. Alma-Tadéma, dans les paysages de M. Vereschaguine. On ne comprend pas ce qu'il vient faire dans nos ateliers, dans nos fermes, pourquoi il s'assied dans nos salles à manger, pénètre dans nos écoles primaires, se revêt presque de la redingote de nos conférenciers, et, dans le club même où s'agitent nos chefs anarchistes, insinue parmi les visages des réformateurs qui tuent par haine sa mélancolique figure de révolutionnaire mort par amour. — Que les peintres d'aujourd'hui ont des idées bizarres ! s'écrie-t-on, et afin de dissiper l'impression d'un si violent anachronisme, on laisse là le Champ-de-Mars et l'on se dirige vers le Louvre, espérant bien y trouver la muette protestation des vieux maîtres si sages, si pondérés, si religieux, contre les excentricités tapageuses de nos contemporains.

On entre au Salon carré où sont des chefs-d'œuvre de toutes les écoles et l'on s'approche des scènes tirées de l'Évangile : la *Sainte Madeleine* de Memling ; la *Vierge au Donateur* de Van Eyck ; les *Pèlerins d'Emmaüs* de Rembrandt ; les *Noces de Cana* de Véronèse. Mais voilà qu'au premier coup d'œil, l'anachronisme qu'on croyait fuir reparaît triomphant ! Cette Madeleine de Memling est habillée à la mode des flamandes du XVe siècle ; ces pèlerins d'Emmaüs ont des figures de Hollandais, cette vierge habite une ville du moyen âge ; et enfin le Christ dîne avec Soliman, Charles-Quint, et la marquise de Pescaire, comme tout à l'heure il dînait avec les *clubmen* de la plaine Monceau. L'anachronisme dans l'art, loin d'être une nouveauté, n'est donc que la reprise d'une tradition constante chez les grands maîtres de la peinture religieuse, et c'est bien plutôt le respect de la vérité historique, la couleur locale, que nous devrions taxer d'exception et de nouveauté.

Comment ce même anachronisme qui nous charme si fort au Louvre nous déplaît-il tant au Champ-de-Mars ? Il y a là une question d'art qui se pose, et elle n'est pas sans importance. On se méprendrait si l'on ne voyait dans l'essai tenté, ces dernières années, qu'une fantaisie individuelle d'ambitieux en quête de tapage. Outre que plusieurs d'entre eux n'avaient nul besoin de notoriété, ayant déjà presque de la gloire, il suffit de regarder au-delà de nos frontières pour s'apercevoir que, comme la plupart des nouveaux mouvements esthétiques, celui-ci nous est commun avec l'étranger. Il y a trois ans, le *Künstlerhaus* de Vienne s'ouvrait pour une exposition de l'œuvre entier de M. Fritz de Uhde, et cet œuvre n'était d'un bout à l'autre que le récit d'un évangile déroulé au milieu de ses contemporains et de ses compatriotes, les disciples de Karl Marx ou de M. de Vollmar. Au printemps dernier, on voyait encore un frappant exemple d'anachronisme à l'exposition de Munich. Comment à notre époque de réalisme et d'information archéologique, un tel courant a-t-il pu naître et se développer ? Sont-ce les mêmes raisons qui font que le Christ nous choque au théâtre qui font qu'il nous choque au Salon ? Pour expliquer notre admiration de l'anachronisme chez les primitifs et les renaissants, suffit-il de prononcer ces mots devenus fatidiques : « naïveté, sincérité, foi, » comme jadis on prononçait en physique le mot « horreur du vide » pour expliquer aux autres des phénomènes qu'on n'apercevait pas très clairement soi-même ? Ou n'y aurait-il pas quelques autres raisons d'ordre plastique pour lesquelles le talent, le sentiment religieux même, ne sauraient empêcher les artistes qui s'aventureraient dans cette voie de s'y perdre et qui nous permettraient d'y attirer leur attention ? Tels sont les points que nous allons examiner. Lorsqu'on regarde un tableau d'histoire, à côté des impressions que font naître ses qualités de composition, d'éclairage, de couleur et de dessin, le jeu des physionomies, la vérité des attitudes, on a toujours quelque préoccupation de savoir si c'est bien ainsi que les choses se sont passées. Ce souci ne nous prend pas devant une vierge couronnée au fond d'un sanctuaire, qui est un symbole, ni devant un tableau de genre, qui est une fantaisie. Mais dès que le peintre met devant nos yeux une action qui s'est réellement déroulée, une scène qui a été jouée par des personnages autrefois vivants, dont nos lectures nous ont fait désirer de connaître les traits, dans un milieu qui n'est pas le nôtre, sous des costumes que nous ne portons plus, dans des pays d'où parfois l'humanité s'est retirée, il naît aussitôt en nous un obscur désir de retourner par la pensée parmi ces choses détruites, chez ces êtres disparus, de faire route un instant avec eux, d'assister à leurs querelles, d'admirer leurs atours et ainsi de vivre quelques minutes d'un autre siècle, ce qui est une façon de prolonger cette existence que nous jugeons trop courte. Mais pour qu'une œuvre d'art nous donne cette illusion, il faut, de toute nécessité, que rien ne nous y rappelle l'époque où nous vivons et que tout nous ramène au moment précis de l'histoire, à l'état exact de la civilisation où a eu lieu la scène représentée. Par exemple, si le peintre prétend nous montrer Ramsès jouant aux échecs avec la belle Twea, il faut que tout soit rigoureusement pharaonique dans cette hasardeuse restitution, tout, jusqu'au jeu d'échecs manié par cette main toute-puissante, jusqu'aux fleurs qui expirent dans un vase et aux instruments de musique qui se taisent dans un coin. Que nous apercevions le plus léger anachronisme et le charme est rompu.

S'agit-il au contraire d'un spectacle qui ne s'est jamais vu spécialement dans aucun temps, ni dans aucun pays, d'un épisode sorti de l'imagination d'un poète ou d'un moraliste, comme les adieux de Roméo et Juliette ou le retour de l'enfant prodigue, mais qui, en revanche, se peut voir tous les jours sous diverses latitudes ou à diverses époques, parce que ce n'est pas là l'histoire de tel homme qui est mort, mais de l'humanité qui ne meurt pas, ni le spectacle de tel milieu, de tel costume qui change, mais de l'âme qui ne change guère, nous n'avons même pas l'idée d'une restitution historique. Nous ne demandons plus à l'artiste de nous faire revivre dans telle ville lointaine, avec tel héros couché maintenant, sous les dalles d'un cloître. Ce qu'on lui demande, c'est de nous intéresser, c'est de nous émouvoir, et pour cela de choisir le milieu qui exprimera le plus vivement, le plus pittoresquement aussi, la pensée de deux amans qui se quittent après une nuit de bonheur, d'un enfant qui revient au foyer après une dure expérience de la vie. A ces figures légendaires, il donnera les traits qui lui plairont, chaque génération leur prêtant ceux qu'elle aime et peut-être bien que, plus il saura les rapprocher de nous, plus il aura chance d'éveiller notre attention et notre sympathie.

Auquel de ces deux genres si différents appartiennent les scènes de l'Évangile ? Un peu à tous les deux, semble-t-il. Elles ont réellement eu lieu chez des hommes aujourd'hui ensevelis, sous des toits maintenant écroulés, dans une civilisation évanouie, et ainsi elles sont de l'histoire. Mais certaines d'entre elles se renouvellent tous les jours sous nos yeux et tant qu'il y aura des infirmes à guérir, des pécheurs à sauver, des pains à multiplier, des misérables à consoler par les lointains mirages d'une égalité d'outre-tombe, les tableaux où apparaît le Christ seront des tableaux vivants, des scènes d'actualité. Ils se sont déroulés dans un certain temps, mais ils sont de tous les temps, dans un pays déterminé, mais ils sont de tous les pays, au sein d'une race, mais ils intéressent toutes les races, le quatrième Etat comme les peuplades conquises par Rome, le siècle des machines comme le siècle des esclaves. Considéré ainsi, l'Évangile n'est plus de l'histoire, mais de la morale en action, une sorte de drame philosophique où les figures contemporaines jouent leur rôle et qui peut-être nous touchera d'autant plus qu'il sera plus dégagé de son cadre archéologique et transporté dans le milieu souffrant et espérant où nous vivons. On aperçoit là déjà comment il se peut que des artistes de valeur affichent dans l'histoire religieuse un dédain de la couleur locale qu'aucun d'eux n'a jamais manifesté dans l'histoire proprement dite et, par exemple, qu'ils fassent dîner le Christ avec des prolétaires en blouse, tandis qu'ils n'ont pas eu seulement la pensée de montrer César assassiné par des sénateurs en redingote. On saisit nettement les deux faces très différentes sous lesquelles il est permis de considérer l'Évangile : ou bien comme une restitution archéologique, ou bien comme un poème immortel.

Le plaisir que procurent la restitution archéologique et la couleur locale est très fin, très délicat, très intellectuel, mais très artificiel et très fragile. Il repose sur un postulat d'authenticité. Ce n'est pas à une perception immédiate de notre goût que nous le devons, mais bien à l'assurance que tout est parfaitement exact dans le spectacle qui nous est offert, et que les figures endormies dans la paix de l'histoire se sont levées, parées et attifées pour jouer à nouveau devant nous le rôle de leur vie. Tandis qu'il nous suffit d'ouvrir les yeux pour savoir si une scène de genre, une paysannerie, une étude, nous plaît ou nous déplaît et pour y prendre ainsi tout le plaisir possible, il est très compliqué de nous former une opinion sur une restitution archéologique. Voici, par exemple, la prise de Babylone par Cyrus ou l'entrée de Louis XVI à l'Hôtel de Ville le 17 juillet 1789 [1]. Savons-nous si, durant la dernière orgie de Balthazar, les femmes portaient ces maillots de filets de soie et dévoraient ces châteaux forts de viandes que M. Rochegrosse y a prodigués ? Pouvons-nous vérifier si, au moment de passer sous la *voûte d'acier*, le roi débonnaire avait un habit à la française de cette couleur ? Hélas ! nous sentons bien qu'à l'exception de quelques points de repère, nous sommes à l'entière discrétion de l'artiste et que nous avons besoin, pour nourrir notre illusion, d'une confiance illimitée dans sa science et dans sa conscience, dans l'exactitude de ses données et dans la fidélité de son rendu ; en un mot, être sûrs qu'il ne se trompe, ni ne nous trompe. Notre illusion, partant notre plaisir, est à ce prix. Mettons que nous ayons, au début, cette confiance. Un rien suffit, à nous l'enlever, car, tandis que, le plaisir des yeux une fois ressenti, il n'est au pouvoir de personne de le diminuer, le premier venu élève-t-il des doutes sur le savoir de l'artiste, et l'évocation disparaît ! On s'arrêtait, au printemps dernier, dans l'avenue des Champs-Elysées, devant une Jeanne d'Arc colossale, en bronze, la lance en main, sur un cheval au galop. Par la particularité du costume, il était aisé de voir que la couleur locale avait été recherchée par l'artiste et l'on aimait à se persuader que c'était bien ainsi en effet que cette jeune fille de dix-neuf ans, habillée de fer, entrait dans les places assiégées. Là-dessus un général de cavalerie passe et se prend à rire : « Que veut dire cette manière de charger, le corps renversé, les jambes en avant ? Une pelisse à Jeanne d'Arc ! Quel anachronisme ! Oh ! le pauvre troussequin ! Qu'avez-vous fait du chanfrein ? Et du frontal ? Mais un simple cavalier de deuxième classe sait qu'on ne met pas l'embouchure du mors sous la langue du cheval ! » Voilà toute la couleur locale à vau-l'eau... L'artiste répondit, il est vrai, dans les gazettes, que son cheval exécutait le saut, non la « barge, que la pelisse était du temps, puisque dans les chroniques il est dit que la Pucelle avait été prise par sa « hucque », etc., mais même en tenant ses explications pour satisfaisantes, l'intérêt d'une restitution n'est-il pas singulièrement diminué, lorsqu'il dépend d'un débat dont on ne peut soi-même être le juge, et s'il faut attendre pour se livrer à son émotion que des experts en sellerie aient mesuré la hauteur d'un troussequin !

D'ailleurs, aucune discussion ne s'élevât-elle et l'évocateur fût-il impeccable jusque dans les moindres détails de sa restitution, cela ne suffit pas pour que notre plaisir ne soit pas troublé. Il faut encore qu'au moment où nous vivons artificiellement en un autre temps, sous un autre ciel, avec d'autres générations, rien ne vienne nous rappeler les nôtres, nous tirer brusquement de notre rêve, car alors nous sentirons l'impression d'un anachronisme, alors même qu'aucune erreur n'aura été commise. Quelle confiance le public n'avait-il pas en M. Sardou et quel évocateur la mériterait mieux que lui ? Cependant, lorsque, au milieu de *Théodora* on vit apparaître une fourchette, tout fut perdu ! Cette fourchette, comme une baguette magique, avait fait évanouir l'évocation du passé. Le lendemain, il est vrai, on sut que tout était sauvé. Il y avait des fourchettes au temps de Théodora. Dès Constantin, la fourchette était comme à Byzance, et c'est une princesse byzantine qui introduisit à Venise l'usage de cet ustensile que la Chine nous envie. On s'était grossièrement trompé en criant à l'anachronisme. L'anachronisme eut justement consisté à ne pas mettre de fourchette ! C'est fort bien, mais la science de M. Sardou n'en avait pas moins fait sur le public l'impression d'une erreur. On sent ainsi combien est vain ce plaisir de la couleur locale qu'un doute peut dissiper, qu'une discussion savante seule pourra restituer, qui est toujours subordonné au verdict d'un second archéologue mieux informé que le premier archéologue, en sorte qu'au moment de s'y livrer, il faut aller vers un homme de l'art pour lui en demander la permission. Encore cette foi que nous avons aux archéologues est-elle sujette à bien des défaillances. Lorsqu'on entend les organisateurs de nos expositions rétrospectives se plaindre des difficultés où l'on est aujourd'hui de se procurer des costumes complets absolument authentiques du règne de Louis-Philippe et même du second Empire, l'affirmation d'un homme de l'art qui prétend nous restituer l'*ephod* ou le *miybaah* du grand prêtre Joad a de quoi faire sourire.

Là, comme ailleurs, la science a peut-être encore plus fait naître d'espérances qu'elle n'a réalisé de prodiges. En Angleterre, où l'école archéologique a brillamment débuté, il y a quarante ans, avec les William Fisk et les Holman Hunt, et où elle fait encore des merveilles avec les Poynter et les Alma-Tadéma, l'histoire de *Jésus enseignant les docteurs* de M. Holman Hunt est classique [2]. On nous permettra de la redire, parce qu'elle est aussi très topique. M. Hunt avait passé cinq ans à étudier son sujet, soit en Judée, soit dans les bibliothèques et les collections du monde entier. Il comptait remettre ses contemporains en présence du Jésus de l'histoire. On s'émerveilla fort de son tableau, mais une Juive dit gravement : « Ces docteurs ne sont pas de la tribu de Juda, où l'on avait le cou-de-pied très cambré, ils sont de la tribu de Ruben, où l'on avait les pieds plats… » En s'apercevant, grâce à ces exemples célèbres, qu'on ne peut jamais absolument se porter garant de la couleur locale des temps anciens, bien des artistes désenchantés ont pris le parti d'en rire, et de rechercher non plus tant à peindre des Orientaux ou des Romains, mais des hommes, et à atteindre bien moins la vérité de l'histoire que la vérité de la vie. « Qu'importe qu'Achille soit Français ! écrivait déjà Delacroix, et qui a vu l'Achille grec ? Qui oserait, autrement qu'en grec, le faire parler comme Homère l'a fait ? « De quelle langue « allez-vous vous servir ? demande Pancrace à Sganarelle. — Parbleu, de celle que j'ai dans la bouche ! » On ne peut parler qu'avec la langue, mais aussi qu'avec l'esprit de son temps. Il faut être compris de ceux qui vous écoutent, et surtout il faut se comprendre soi-même. Faire l'Achille grec ! Eh ! bon Dieu, Homère lui-même l'a-t-il fait ? Il a fait un Achille pour les gens de son temps… C'a été la faiblesse de notre temps, chez les poètes et *chez les artistes*, de croire qu'ils avaient fait une grande conquête avec l'invention de la couleur locale [3]. » Cette faiblesse que pressentait Delacroix a fini par être ressentie de tous, et la prétendue science de la couleur locale est devenue si vaine et si ridicule qu'on se défend, comme du feu, de l'avoir recherchée. On préfère décrire ou peindre, sous le nom de tels personnages pris dans une époque déterminée, mais transformés en types, l'humanité qu'on connaît, qu'on voit autour de soi ou qu'on imagine. C'est ainsi que M. Renan écrivait en tête de son *Prêtre de Némi* : « Pour éviter le soupçon de couleur locale, habiller tous les personnages comme les personnages de Masaccio au Carmine de Florence, ou comme les Romains de Manlegna aux Fremitani de Padoue » ; et son exemple a été suivi. Dans la jeune école symboliste, nombreux sont les drames où les acteurs flottent en dehors de l'espace et du temps, s'appelant : le roi, la reine, le premier paysan... et, au commencement d'un de ces mystères intitulé *les Pèlerins d'Emmaüs* on lit cette recommandation : « Les pèlerins sont habillés de noir, à l'ordinaire des hommes de nos jours. » Est-il donc bien surprenant qu'après les désillusions de l'école archéologique, et avec ce courant naissant de la littérature symboliste, quelques artistes, abandonnant le côté historique de l'Évangile où l'intelligence a plus de jouissance que la sensibilité, et cependant ne l'a jamais complète, se soient retournés vers le côté purement psychologique où chacun est seul juge de l'émotion qu'il ressent ? Après avoir observé que sur tout désenchantement de la science, il pousse un peu de mysticisme, comme sur toute ruine d'un monument humain, des fleurs, faut-il donc protester si, désespérant de satisfaire les gens de science, ces artistes ont songé à émouvoir les gens de foi ? Si, au moment où se manifeste partout un renouveau de christianisme, — printemps ou été de la Saint-Martin, nous ne savons encore, — ils ont voulu évoquer des figures émouvantes au lieu des poupées des musées ethnographiques, s'ils ont ambitionné de faire sentir moins la couleur locale de l'Évangile que sa signification universelle ; de montrer non plus en quoi les costumes diffèrent, mais en quoi les âmes se ressemblent ; et de ressusciter non plus devant nous les figures, mais au dedans de nous les sentiments des foules amoureuses qui suivaient le Christ parlant de paix, de concorde, de renoncement et de bonheur ? Orientés vers ce but, quel chemin ces artistes devaient-ils prendre ? Le même que leur devanciers. « Au XVe siècle, disait ici même [4] M. Müntz, pour obtenir un redoublement de ferveur, il était indispensable de vérifier l'idéal ancien, de faire appel à des instincts moins purs, de frapper par des images crues et triviales, telles qu'en offre la vie de tous les jours. Les impressions n'augmentent-elles pas en raison de leur proximité ? Le spectacle des souffrances d'un voisin ne nous touche-t-il pas plus que le récit des malheurs d'un inconnu, d'un habitant des terres lointaines ? Les artistes flamands mettaient en pratique le mot d'Hamlet : « Que nous est Hécube ou que sommes-nous à Hécube pour la pleurer ? » Dépouiller le Christ, la vierge, les saints de leur caractère surnaturel, les transformer en créatures faibles comme nous, soumises aux mêmes affections, aux mêmes infirmités, telle était la dure mais inéluctable condition au prix de laquelle l'art religieux, je devrais dire la religion elle-même, pourrait maintenir son prestige. Ainsi prirent naissance ces Christs, ces Madones, ces saints et ces saintes, qui sont le portrait de quelques bourgeois de Bruges, de Cologne, de Tours… » M. Müntz est-il seul à penser que le meilleur moyen de rendre intéressantes les figures de l'Évangile, c'est de les rapprocher de nous ? Non certes. Presque toute l'esthétique anglaise s'inspire aujourd'hui de la même croyance. M. Vernon Lee loue fort Véronèse d'avoir fait dîner le Christ avec les *gentildonne* du XVIe siècle, si un tel spectacle donnait mieux à ses contemporains l'idée des splendeurs des noces de Cana [5]. M. Collingwood applaudit un semblable anachronisme chez l'auteur du *Christ bénissant les enfants* de la National Gallery [6]. « L'artiste ne pense guère, dit-il, que vous irez chicaner sur ce que son Sauveur, idéalement drapé, pose la main sur la tête de petits garçons et de petites filles de la Hollande, mais il veut prévenir l'erreur où vous pourriez tomber que tout ceci n'est plus qu'une douce histoire du passé, qu'un rêve à jamais enfui ; car voici qu'il est avec vous jusqu'à la consommation des siècles [7]. » Ce dernier mot nous découvre la pieuse signification de l'anachronisme. En effet, si le Christ est parmi nous, pourquoi le représenter sans cesse parmi les peuplades de la Galilée depuis longtemps disparues ? S'il est ressuscité, s'il est vivant, pourquoi l'habiller à la mode des Juifs, morts il y a deux mille ans, et non comme les hommes qui vivent autour de nous ? Si la Cène n'est pas un simple repas historique comme le dernier dîner des Girondins, mais un mystère qui se renouvelle tous les jours, sous toutes les latitudes, pourquoi la représenter obstinément dans le même lieu et ne pas faire figurer à la table de l'Homme-Dieu nos contemporains et nos compatriotes ? Si le sang que l'ange de Niccolo da Foligno recueille dans une coupe d'or, en détournant la tête, n'a pas été confisqué par les moines armés de Montsalvat ; si, comme le veut la théologie catholique, chacun de nous est acteur dans le drame sacré ; si chaque crime commis de nos jours est un coup de plus dans la Flagellation, une épine de plus dans le Couronnement, pourquoi ne pas montrer nos contemporains sur le Golgotha, crucifiant le Christ ? L'esprit rationaliste protestera sans doute. Pour lui, le drame sacré est fini, la toile est tombée. Si ses effets se prolongent jusqu'à notre génération, c'est à la façon des effets de tout grand événement historique dont la répercussion s'affaiblit à mesure que les temps s'éloignent. Pour le mystique, au contraire, les mystères de la Passion se renouvellent tous les jours, comme les bois et les prairies reverdissent chaque année. En sorte que le peintre archéologue vaut mieux pour illustrer le récit de l'historien rationaliste. Mais pour illustrer l'évangile d'un croyant, peut-être faut-il un anachroniste…

L'artiste, une fois sur cette pente, y glisse d'autant plus aisément que rien, dans le caractère, dans l'altitude, dans la physionomie du Christ ne l'enchaîne à une époque précise, à un pays déterminé. Le Christ n'a pas d'accent individuel. On possède sur lui les récits des quatre évangélistes, des détails qu'on n'a pas sur beaucoup d'hommes célèbres : cependant on ne le définit pas. Voit-on aucun trait saillant qui permette de dire que la raison l'emportait sur la sensibilité ou la sensibilité sur la raison. l'énergie sur la prudence ou la prudence sur l'énergie, la mélancolie sur la bonne humeur ou la bonne humeur sur la mélancolie ? L'idée d'une race exclusive s'impose-t-elle quand on pense à lui ? Il était assurément Juif, et pourtant retrouve-t-on en lui des traits distinctifs qui fassent dire à un Anglo-saxon : Celui-là n'était pas de ma race, pas de mon pays ? Il a beaucoup parlé, mais pas une citation des auteurs grecs ou latins qu'on lisait de son temps, pas une allusion à leurs ouvrages n'a passé dans ses paroles, et celles-ci sont à ce point dépourvues de couleur locale qu'on discute encore quelle langue parlait le Christ : le grec on l'araméen… De même ses discours s'appliquent à tous les temps. Leurs caresses consolent aussi bien les malheureux de nos jours que ceux des catacombes. Le Christ ne date pas, ni au point de vue intellectuel, ni au point de vue moral. Pourquoi le faire dater au point de vue physique ? Comment le caractériser au point de vue physiologique ? Puisqu'il n'était pas plus tenace que bon, l'artiste ne saurait lui donner une mâchoire proéminente et des sourcils joints ? Puisqu'il n'était pas plus poète que moraliste positif, il ne doit pas lui dessiner un front fuyant ou bombé plutôt qu'un front droit. Puisqu'il n'était pas plus avisé que généreux, on ne saurait lui attribuer un regard défiant comme celui qu'il a dans le *Prétoire* [8] de M. de Munkacsy. Et ainsi l'on élimine tous les traits distinctifs qu'on a pu imaginer… et la toile reste blanche. On se rabat alors sur une figure-type d'humanité, impersonnelle, éternelle, mais par là même froide, sans attrait et sans vie. Quoi de plus ardent que le Christ ? Quoi de plus attrayant que le Christ ? Ainsi le but est toujours manqué… Quand Léonard de Vinci peignait le visage du Christ, sa main tremblait. Ce n'était pas excès de respect religieux, c'était peut-être inquiétude de ne pas atteindre à l'expression vivante sans accident, sans particularité distinctive, qu'il rêvait pour lui. Et il faut que cette grande figure soit attrayante pour qu'elle remplisse auprès de nous le rôle qu'elle a rempli à travers les âges auprès de tous ceux qui ont pleuré devant les crucifixions et souri aux nativités : le rôle du consolateur. Car, avec le dégoût de l'archéologie et le néo-mysticisme, voici qu'une troisième préoccupation plus immédiate, plus universelle, pèse sur nous : le rêve — ou le cauchemar — socialiste. Or, beaucoup de contemporains, semblables au jeune homme de l'Évangile, que ce rêve rend « tristes, parce qu'ils ont de grands biens, » appellent à leur secours le Nazaréen si longtemps dédaigné ! Jadis, c'étaient les socialistes, faibles encore, qui venaient vers les croyants se réclamant de « Jésus de Nazareth, premier représentant du peuple, » et portaient des toasts « à tous les martyrs du socialisme, depuis le calvaire de Jérusalem jusqu'au donjon de Vincennes ! » aujourd'hui que MM. Bebel et Liebknecht tendent, selon le dicton allemand, à remplacer le martyr de Jérusalem dans le souvenir des hommes, ce sont les catholiques qui se réclament du Charpentier auprès du quatrième Etat en marche vers le pouvoir. Mais qu'importe au mineur de Lens ou au mécanicien de Birmingham, ce qu'un contemporain de Tibère a dit à quelques paysans de la Galilée, il y a deux mille ans ? Alors on voit des publicistes, des orateurs chrétiens, descendre dans la mine, prendre part aux revendications et aux clameurs populaires, se transformer en révolutionnaires « se faisant sans loi avec ceux, qui sont sans loi, pour les sauver » selon le conseil de saint Paul, et leur montrer que le plus beau programme à arborer au bout des baïonnettes à la prochaine révolte est l'Évangile, et que le libérateur à invoquer est le Christ, « toujours le Dieu des pauvres et des ouvriers, comme dit Proudhon, toujours le Dieu des opprimés et des pécheurs, toujours le Dieu de toutes les souffrances, toujours le Dieu de cette nombreuse classe qu'on renie, qu'on pressure, qu'on vole, qu'on emprisonne, qu'on calomnie atrocement, et qu'on appelle populace, plèbe. » Ils leur montrent, dans les pages du Nouveau Testament et dans les Actes des apôtres, les solutions aux problèmes du jour, les trois-huit, la nationalisation du capital, le droit au travail. Ils font du jeune homme de l'Évangile de saint Mathieu, un actionnaire qui résiste à la grève et de l'Ananie des Actes des apôtres un collectiviste selon le cœur de M. Guesde… Eh bien, cette préoccupation si répandue dans notre vie publique, comment la traduire dans l'art qui, selon les esthétiques modernes, doit reproduire tous les états d'âme importants de la société ? Comment exprimer aux yeux ce socialisme chrétien qui retentit aux oreilles

Robert de La Sizeranne

depuis la chaire du Vatican jusqu'à la cathédrale de Baltimore ? Evidemment en montrant le Christ prêchant dans nos docks, dans nos usines, au milieu de nos prolétaires en blouses, et, si c'est là de l'anachronisme, est-il bien étonnant que l'artiste y soit amené, s'il veut refléter l'anachronisme accepté par tous, et que ces deux mots *socialisme chrétien* expriment dans la vie ?

Aussi, regardez les toiles de MM. de Uhde, Lhermitte, Skredsvig et de leurs émules. Ce ne sont pas seulement des contemporains que voici, ce sont des prolétaires. Mesurez, depuis les classiques, le chemin parcouru. Le Christ est dépouillé de toutes les formules de glorification, de tous les attributs de la souveraineté. Il n'a plus autour de lui ce cortège d'anges qui étaient des courtisans, ni de chevaliers armés de fer qui étaient le militarisme, ni de donateurs qui étaient des capitalistes. Les gloires se sont dissipées, les chérubins se sont envolés, les auréoles se sont éteintes. Il ne marche plus entouré de ces nuages qui isolent Dieu dans les tableaux, comme les grilles et les antichambres isolent les puissants dans le monde. Il vient sous de pauvres habits comme autrefois ; il monte les étages de nos hautes maisons ouvrières où le vice et la misère ont fait leurs ravages. Il est entouré d'artisans, de meurt-de-faim, d'agitateurs des faubourgs, tellement que l'empereur Frédéric III voyant la *Cène* de M. de Uhde s'écrie : « Cela une Cène ! Allons donc, c'est une ripaille d'anarchistes [9] ! » Ces groupes de misérables que le pinceau des maîtres tenait en respect au bord de la toile, tout près du cadre, dans l'ombre des plans inférieurs, se sont rapprochés. Ce tas de mendiants qui, dans la *Femme adultère* de Rembrandt, regardaient avec confiance et amour le Consolateur, ces bohémiens qui, dans une grisaille du même artiste, campent autour de saint Jean, tous ces loqueteux sont accourus et se pressent, affamés. Et dans le monde des formes plastiques, la même révolution s'est accomplie. Ce ne sont plus les rois de la santé, les héros de la musculature et de la beauté corporelle, les robustes athlètes de Mantegna, du Titien, de Michel-Ange, qui sont élevés à la dignité de saints apôtres. Ce ne sont plus ces corps roses, plantureux, gras et rebondis de Rubens, l'aristocratie de la plastique et de la chair, que le Christ est venu nourrir de son pain multiplié, de son vin miraculeux, de sa communion pascale ; ce sont les pauvres hères débiles, anémiés, souffreteux, qui se cachaient chez Van der Weyden, chez Thierry Bouts, chez nos Le Main, qui n'osaient pas heurter jadis à l'atelier de nos grands artistes, où quelque modèle de profession, quelque caporale Leone, superbe et fainéant, leur eût fermé la porte au nez. Maintenant, le Christ, redevenu socialiste, les amène à sa suite dans les plus somptueux hôtels des peintres à la mode où ils sont acceptés à l'égal des beaux torses anciens, et où ils prennent leur revanche du long dédain que les Renaissants témoignaient à la laideur et à la débilité.

Enfin, cette espèce de superstition de réalisme qui s'est emparée de notre génération a peut-être aussi acheminé l'art religieux dans la voie de l'anachronisme. Au premier abord, on est tenté de crier au paradoxe. Comment la recherche exagérée du vrai peut-elle conduire au faux ? Mais qui dira toutes les bizarreries et toutes les invraisemblances auxquelles le réalisme est condamné ? On se rappelle la prétention de tel théâtre progressiste de rompre avec les conventions du décor traditionnel, afin de donner au spectateur, jusque dans les moindres détails des accessoires, une forte impression de vérité. Ainsi, au lieu d'un miroir en bois peint ou en toile coloriée, on suspendit une vraie glace au fond du décor, bien en face des spectateurs. Mais voici qu'à peine la toile levée, on vit se refléter dans cette glace toutes les têtes du par terre, précisément dans une scène où l'acteur était censé seul dans sa chambre. Cela, donnait comme conséquence au réalisme le plus méticuleux l'invraisemblance la plus extravagante. En peinture, des recherches pareilles produisent de semblables résultats. « Ne faire que ce qu'on voit, » tel est le premier article du creilo réaliste. Or il est évident que jamais artiste de l'avenue de Villiers n'a vu le Christ, ni ses apôtres ; la plupart du temps, il n'a pas vu non plus la Palestine. Logiquement il ne devrait pas les peindre. En effet, prendre un modèle d'atelier, l'affubler de tuniques orientales, s'entourer de photographies des lieux saints, c'est peut-être faire de la couleur locale : ce n'est pas faire du réalisme. Et même aller en Terre-Sainte, comme beaucoup l'ont fait, y croquer çà et là quelques pochades, puis loger dans ces études prises sous le ciel d'Orient des figures groupées sous la lumière du vitrage d'atelier, ce n'est encore pas donner satisfaction à la formule réaliste. Par ces mots « ce qu'on voit. » le réaliste entend « ce qu'on a l'habitude de voir, » les choses au milieu desquelles on vit, qu'on aperçoit de sa fenêtre, qu'on coudoie dans la rue, les gens qu'on n'a pas besoin de faire poser, mais qui posent tout seuls, à leur insu, dans les reflets ambiants, dans le plein air. Sans rien exagérer, on peut bien dire, en effet, que le peintre ne rend avec une vérité certaine, avec une vie intense, que les figures dont une contemplation prolongée lui a permis de connaître les plus secrets ressorts, les apparences les plus fugitives et, si grand soit-il, il n'échappe guère à cette loi. Fromentin dit de Rubens : « Tout homme, toute femme qui n'a pas vécu devant lui (Fromentin ne dit pas : qui n'a pas pose, mais qui n'a\ pas vécu) sont d'avance des figures manquées. Voilà pourquoi ses personnages évangéliques sont plus humanisés qu'on m ; le voudrai ! [10].. » — Il n'y a donc qu'un parti à prendre pour un réaliste, s'il tient à représenter une scène du Nouveau Testament : la faire jouer par des personnages qui vivent devant lui, sous les costumes dont il sait le mieux le port, les plis, les cassures, les grimaces. On en arrive à cette conclusion radicale, et certains critiques ont si peu hésité à l'adopter qu'un d'eux écrivait, il y a six ans : « L'artiste vraiment moderne, le grand peintre d'histoire est celui qui osera crucifier le Christ sur nos places publiques au milieu des gendarmes, des soldats de la ligne et d'un peuple en redingote [11]. » Voilà, ne semble-t-il pas, l'anachronisme dûment prophétisé et par avance applaudi. Voilà le goût de la modernité réaliste s'unissant à toutes les autres influences que nous avons cru démêler : réaction contre l'engouement archéologique, renaissance mystique, socialisme chrétien, pour pousser l'art religieux dans cette voie. Examinons, maintenant, comment ces rêves et ces tendances ont pris corps, se sont réalisés, et pour cela jetons un coup d'œil sur le berceau qui les a vus naître et grandir.

Voici longtemps déjà que dans la partie la plus retirée de Munich, au bout de la Theresienstrasse, parmi des jardins verts et tranquilles, non loin des champs de manœuvres, le créateur de ce genre étrange rêve et travaille silencieusement. C'est un ancien soldat qui a fait campagne à la tête de son escadron. Vers le milieu de sa vie, il laissa les armées allemandes continuer leur brutale épopée et se mit à peindre… Quoi donc ? Lorsqu'on entre dans son atelier largement éclairé, à la moderne, on croit y trouver la contre-partie des souvenirs de Neuville et de Détaille ; on s'attend à un immense arsenal d'armures, d'épées, de tambours, d'étendards, a des pochades de uhlans chargeant la lance en arrêt, de chevaux démontés battant l'air, de têtes poméraniennes ou saxonnes enflammées par la joie de la lutte, les veines gonflées par les cris *hoch ! hoch* ! du triomphateur, puis des horizons rouges d'incendies ; on pense aux tueries de Lagny, de Bazeilles, mais non… Dans l'atelier presque vide les rares esquisses qui apparaissent çà et là prêchent la paix, le désarmement, la concorde universelle, la charité. — *Laissez venir à moi les petits enfants — Le Sermon sur la montagne. — Viens, seigneur Jésus, sois notre hôte !* — La légende si touchante de Hans Memling, ce soldat de Charles le Téméraire qui quitta sa horde sanglante pour peindre les *Sept joies de la Vierge*, n'est plus une légende. Seulement au XIXe siècle, Hans Memling s'appelle Fritz de Uhde. Un doux rayon de mélancolie éclaire toutes ces figures d'apôtres ou de disciples, maigres, maladives et résignées : c'est le sourire de ceux qui souffrent. En regardant de plus près, on reconnaît en eux les gens que l'on a croisés en venant, dans le faubourg : ouvriers des chantiers, pensionnaires des asiles, gibiers d'hospice, claquedens qui circulent dans la Munich grecque, froide et païenne, sous les propylées ressuscités, en cherchant péniblement leur vie et en rêvant à nouveau d'un sauveur et d'un Paradis que les journaux de la Volkspartei font miroiter à leurs yeux. Ces gens entourent le Christ, lui amènent leurs petits enfants ; ceux-ci ont bien un peu peur de ce jeune monsieur si grave « qu'on n'a jamais vu rire, mais qu'on a souvent vu pleurer ; » ils s'avancent tout de même et lui tendent leurs menottes en souriant. — Dans un coin, nous voyons Jésus petit comme eux, plus petit qu'eux, emporté dans ses langes, la nuit, à la lueur d'un réverbère, par une pauvre femme du peuple qui grelotte sous son fichu noir et un pauvre artisan à chapeau mou : c'est un ménage qui quitte la ville où règne le chômage ; c'est la fuite devant un tyran qui, mieux qu'Hérode, tuera tous les petits enfans : la Misère. Ici, les pauvres dont il a fait ses amis dînent avec lui : c'est le repas des adieux et le soleil qui baisse à l'horizon semble annoncer la fin d'un monde. Ils l'ont accompagné dans tous ses triomphes populaires, dans les meetings tenus sur la montagne et au bord des lacs, sans que celui qui a dit : « Je ne suis pas venu appeler les justes, mais les pécheurs » s'effarouchât de leurs visages ravagés par le vice peut-être autant que par la souffrance. Il a beau leur annoncer qu'il va les quitter, personne ne croira à la mort du sauveur, parmi ces ouvriers qui ne voulaient pas croire à la mort de Lassalle frappé par une balle, dans une lutte obscure, à Carouge. Quand se sont passées ces choses ? Il y a vingt siècles, quand on sculptait ces vieilles pierres de la Glyptothèque ? Non, mais hier, lors de la dernière grève. Chez des Orientaux, des étrangers dont le sort nous est indifférent ? Non, mais chez nous, chez ces esclaves du monde moderne qu'on voit, le soir, remonter des mines ou sortir des usines avec une résignation qui touche les uns ou une colère qui émeut les autres. C'est l'Évangile des prolétaires. L'œil s'étonne cependant et l'esprit hésite. L'ancien *rittmeister* poursuit son œuvre sans entendre les exclamations, sans écouter les remontrances, sans prendre garde aux progrès des sciences qui renouvellent tout autour de lui. Dans le monde entier, on travaille à reconstituer les scènes de l'antiquité, à en préciser les costumes, à en épeler les langages. Nos musées se remplissent de figures ethnographiques, nos bibliothèques, de gros livres écrits de droite à gauche, les devantures mêmes de photographies des lieux saints. Des artistes comme M. Alma Tadéma poussent l'ardeur de la résurrection si loin qu'ils vivent dans leur œuvre, habitant des sortes de maisons antiques où tout leur rappelle la vie d'un contemporain de Tibère. D'autres comme M. Vereschaguine vont planter leur parasol sur les bords du lac de Tibériade pour saisir les flots scintillants où se refléta la robe sans couture du Christ. L'an dernier, les gazettes de Londres racontaient l'odyssée, de M. Schmalz qui, pour peindre son *Retour du calvaire*, a passé des mois en Terre-Sainte ; et a célébré ; le premier anniversaire de son mariage à Cana, afin d'y mieux interroger le passé. La locomotive siffle parmi les hautes herbes de Saron et réveille les échos d'Emmaüs. L'épigraphie entasse ses découvertes, répand ses enseignements... Rien de tout cela ne pénètre dans la grande maison triste de la Tberesienstrasse : pas un costume, pas une chlamyde, pas un alabastrum... Pourquoi faire ? Puisqu'il passe encore dans la rue des pauvres qui rêvent d'un avenir d'égalité, de bonheur, voilà les disciples du Christ. Puisqu'il y a encore dans les somptueux hôtels de Carolincuplatz des riches satisfaits d'eux-mêmes et de leur haute morale égoïste, voilà les Pharisiens. Quant au Christ lui-même, pourquoi demander à ceux qui ont vécu jadis quel costume il revêtait, quelle langue il parlait, quelle démarche était la sienne ? Pour quoi fouiller la ferre, gratter les inscriptions, déranger les bandelettes, balayer les poussières ? *Pourquoi cherchez-vous parmi les morts celui qui est vivant* ? Entendez plutôt ce mendiant qui frappe à votre porte et prenez garde que ce ne soit justement lui, ce Dieu caché ! Rappelez-vous donc la scène que les religieux du moyen âge peignaient au-dessus de la porte de leur couvent : Deux moines accueillent, en l'embrassant, un pauvre pèlerin qui passe, et il se trouve que ce pèlerin est Jésus-Christ. — M. Fritz de Ulule n'est pas plus difficile que les moines au moyen âge : il voit le Christ dans le premier misérable venu et le prend pour modèle. Gravement, silencieusement, comme un somnambule marche vers le vide, il chemine dans son anachronisme jusque vers les dernières conséquences. On demeure charmé par cette peinture claire, fine, sobre, vivante, choqué par ces vêtements modernes, stupéfait de tant d'archaïsme et d'intime poésie. Et, comme pour augmenter la contradiction des sentiments qu'on éprouve, il n'est pas rare, si l'on sort de l'atelier par une belle soirée d'août, d'entendre s'élever de la cour des casernes où l'on vient d'expérimenter quelque poudre sans fumée, l'air grave et doux des pèlerins du *Tannhäuser*...

## Section II

En bien des choses, le passé est l'excuse du présent. Si extraordinaires que nous paraissent les anachronismes du peintre de Munich et de ses émules, ils ne passent point en étrangeté ceux des maîtres anciens. Certes les visiteurs du Salon de 1891 furent surpris de voir crucifier Jésus sur la Butte Montmartre, mais les amateurs de causes célèbres que leurs loisirs appellent à la première chambre de la Cour, au Palais, ne seront pas médiocrement étonnés si, regardant attentivement, le tableau de la Passion qui en fait l'ornement et qui remonte au XVe siècle, ils prennent garde que le Christ expire sur les bords de la Seine entre l'hôtel de Nesles et le Louvre. On a trouvé déplaisant que M. Skredsvig fil voiturer dans une brouette les malades qu'on amène au « Fils de l'Homme » ; mais qu'on feuillette les eaux-fortes de Rembrandt : la brouette y sert au même usage, sans soulever de protestation. On a dit qu'il était choquant de soupçonner dans la Madeleine de M. Béraud, en robe de bal, un type contemporain de demi-mondaine ; mais ne l'était-il pas extrêmement pour les habitants de Mayence, au XVIe siècle, de reconnaître dans la sainte Madeleine nimbée, qui se tenait sur l'autel d'une église de Halle, la maîtresse de leur archevêque, le prince Albert de Brandebourg, la fille du boulanger Reidiger, qu'ils avaient tous rencontrée dans la rue [12] ? Et si l'on pense qu'au moins la figure du Christ échappait à cette manie de modernisation outrée, et que dans leurs plus regrettables travestissements, les anciens lui conservaient toujours la robe longue, le *vestis talaris* qui l'isolait de leurs contemporains, qu'on regarde parmi les gravures de Breughel le Vieux, celle qui est intitulée *Euntes in Emmaüs*, et l'on verra un Christ s'en allant, entre deux pèlerins, la canne à la main, en culottes courtes, avec des bas mi-partis, un petit mantelet et, pour qu'on ne puisse s'y tromper, une auréole autour de son chapeau de feutre, — ce même feutre où les truands de Téniers accrochent leur pipe… Que l'on ne croie pas ces exemples laborieusement exhumés de l'œuvre des artistes qu'on a coutume d'admirer ! Ils pullulent dans l'ancienne peinture religieuse. Chez Memling, par exemple, les paysages de Borne sont des vues prises à Bâle et à Cologne. Chez Téniers, saint Pierre est gardé par des miliciens flamands, aux feutres emplumés, qui jouent aux cartes. Chez Schaüffelein, les Amalécites tirent des coups de canon sur Béthulie, tandis que les cent-suisses d'Holopherne lui amènent la belle Judith. Chez Ghirlandajo, la Visitation a lieu sur les hauteurs de San Miniato d'où l'on aperçoit Florence, et les suivantes de sainte Elisabeth portent

Robert de La Sizeranne

des jupes de satin rouge à treillis d'or semées de boutons d'argent, des robes de tissu broché et enfin des bandeaux de brocart d'or sur les cheveux dénoués et flottants à la mode des jeunes Toscanes du XVe siècle [13]. Est-il besoin de citer Véronèse ? Ses femmes bibliques sont parées et coiffées comme des podestaresses et se teignent les cheveux au *filo d'auro* selon les plus purs préceptes du *Ricettario della confessa Nani*. Regardez ses *Noces de Cana* [14] : tout le XVIe siècle a été convié à la même fête que la Vierge et que Jésus. Voilà l'empereur Charles-Quint décoré de la Toison d'or, la reine de France Eléonore d'Autriche, le roi François Ier, le sultan Soliman, la marquise de Pescaire qui mâche un cure-dents, don Alphonso d'Avalos, la reine Marie d'Angleterre, le malicieux Arétin, travesti en majordome, mécontent qu'on ait d'abord servi le vin de Galilée, moins bon que celui du miracle et, ici, bien en évidence, Titien en robe et en bonnet de soie cramoisie jouant de la contrebasse, le Hassan jouant de la flûte, Véronèse lui-même en habit blanc faisant la partie de viole, et son frère, l'architecte, debout, en tunique de brocart de soie blanche brodée de dessins verts et jaunes à reflets rougeâtres, élevant une coupe de verre de Venise pleine de la liqueur inattendue, charmé que la puissance du Christ s'affirme, en débutant, par un prodige si agréable aux gourmets. Chez Rubens, la mère éplorée du *Massacre des Innocents*, qui se tient au milieu, les mains levées vers le ciel, doit être la femme de quelque bourgmestre, car, malgré le désordre de sa toilette, on reconnaît très bien son décolleté, sa robe ajustée, ouverte sur le devant, laissant voir le corps de jupe et, autour des seins, une sorte de « rabat dentelé » selon la mode des dames du XVIIe siècle [15]. Enfin, chez nous, Le Brun a peint Louis XIV en perruque assistant à la résurrection et tenant un coin du linceul de Jésus-Christ [16].

L'anachronisme n'est donc pas une exception, une fantaisie individuelle, et nos peintres de Munich ou de Paris, loin d'avoir rien innové, n'ont donc fait que renouer la chaîne des traditions du grand art religieux. Crier au sacrilège, à la profanation, devant leurs tentatives est peut-être bien aventureux, et, de même que Montaigne s'égayait à voir des gens « s'eschaulder » à donner sur son nez des « nazardes » à Plutarque ou à Sénèque, ces messieurs pourraient rire de nous entendre bâtonner, sur leurs dos, les maîtres du passé pour lesquels on professe le plus d'admiration. — Et d'abord. les mots de sacrilège et de profanation sont bien gros, car si l'anachronisme contemporain froisse en nous quelque chose, il n'est pas démontré que ce soit le sentiment religieux. Non seulement les âmes ferventes excusent et admirent l'anachronisme chez les anciens préraphaélites, mais il n'est pas rare de trouver en elles un vague désir de voir refleurir ces traditions perdues. « On s'est offensé, dit M. l'abbé Hurel, d'anachronismes consistant à introduire dans une même scène, sur la terre, des saints et des saintes qui ne sont vus qu'au ciel, ou à donner pour témoins à un fait de l'histoire religieuse des personnages qu'un intervalle de siècles sépare de ce fait… Nous ne saurions être fort sensibles aux scrupules de nos synchronistes à cet égard… Cette suppression de la distance naturelle des lieux et des temps semble exprimer d'une touchante façon la grande fraternité humaine et la communion profonde de tous les membres de la famille chrétienne. *Donc il ne faut pas craindre un peu d'archaïsme dans ce sens* [17]. » Un autre dévot d'iconographie chrétienne, citant un vitrail de la cathédrale de Cantorbéry où le roi Henri II, nu et à genoux pour être flagellé comme pénitence du meurtre de saint Thomas, n'en porte pas moins une couronne d'or, ajoute : « Le même artiste, s'il lui avait été possible de représenter le supplice de Louis XVI, l'aurait sans doute fait monter sur l'échafaud la couronne en tête, » et conclut : « Nous ne voulons pas condamner nécessairement comme anachronisme tout costume employé avec une semblable signification par-delà les temps où l'on sait qu'il a été réellement en usage [18]. »

Si l'on veut, du même coup, faire le procès des peintres qui figurent le Christ au milieu d'un auditoire en vestons et des auteurs dramatiques qui l'ont, en ces dernières années, incarné sous les traits de nos acteurs à la mode, et dire que chez les uns et les autres l'insuccès a tenu à la même cause qui est le froissement du sentiment religieux, c'est aller un peu vite en besogne. Il est bien vrai que le Christ au théâtre a généralement déplu, il est vrai que le Christ contemporain au *Salon* a déplu aussi, mais des effets semblables n'appartiennent pas nécessairement à la même cause. Ce qui a choqué les croyants, dans les drames sacrés, et non seulement les chrétiens de raison, mais aussi les chrétiens de cœur, tous ceux dont l'imagination a gardé la couleur de celle foi dont leur raison a effacé le dessin, ce n'est pas la modernité plastique de ces exhibitions : c'est la modernité des sentiments exprimés par l'auteur. Ce n'est pas de voir la Passion transportée sur la scène, ni l'idée qu'elle est représentée par des contemporains, et la preuve en est le succès des journées d'Oberammergau où l'on voyait figurer en grand-prêtre Ananias, un cordonnier qu'on avait rencontré une heure auparavant dans la rue. C'est de reconnaître dans les saints, dans la Vierge, dans le Christ même, les contradictions et les incertitudes de ces dilettantes sceptiques et blasés qui ont lu Strauss et Schopenhauer, Tolstoï et l'histoire de

Robert de La Sizeranne

Çakya-Mouni, de ces essayeurs d'émotions religieuses, de ces frô-
leurs d'infini, qui se désennuient du matérialisme en créant un Dieu
à leur image et en lui prêtant toutes les faiblesses dont ils se sentent
eux-mêmes accablés. Ainsi Roger van der Weyden, étant lympha-
tique, peignait ses Christs lymphatiques. Ce qui a choqué, c'est que
le Sauveur doutât de tout, de sa mission, de sa divinité, de son père,
et se montrât à nous non pas même sous les apparences d'un fou qui
meurt pour son rêve, mais sous celles d'un aventurier qui s'en est
fait accroire et qui voit, à la lueur grandissante de l'éternité, s'écrou-
ler tout l'échafaudage de ses ambitions et se creuser tout le vide de
ses prophéties. C'est, en un mot, que ces auteurs, voulant peindre le
martyr du Golgotha. ne se soient même pas élevés jusqu'à Savonarole et n'aient guère abouti qu'à une espèce de Larevellière-Lépeaux.
Ayant à montrer l'Homme-Dieu, ils ont varié les proportions des
deux natures. Ils ont fait un homme assez grand, mais un Dieu tout
petit. Ils se sont conduits envers le Christ comme Wotan envers la
Walkyrie, au troisième acte ; ils lui ont « retiré son essence divine ».
Peut-être l'intérêt dramatique grandit-il à mesure que le héros di-
minue, devient plus semblable à nous, mais on avouera que l'esprit
religieux ne saurait y gagner. On comprendra que les catholiques se
soient plaints qu'on leur ait changé le Christ. Ce qui les a froissés,
c'est donc de voir des écrivains s'éloigner de l'esprit de l'Évangile et
non de voir les mystères de la Passion se rapprocher de nous ; c'est,
en un mot, de reconnaître des âmes contemporaines dans le Christ
et ses apôtres et non d'y apercevoir les figures de nos contemporains.
Or la peinture ne représente pas les âmes, mais les visages, et l'anachronisme que nous étudions ici ne porte nullement sur les idées,
mais sur les traits et sur les vêtements.

Les adversaires de l'anachronisme répondront peut-être : soit, l'on
n'a guère le droit de taxer nos peintres de sacrilège, mais on peut
les condamner pour affectation. S'ils n'ont pas défiguré l'Évangile
comme les auteurs dramatiques, il y a du moins en eux une affé-
terie prétentieuse, un dilettantisme pédant à modifier les types, les
costumes des personnages évangéliques et à les revêtir d'apparences
qu'ils savent contraires à la vérité. Assurément les anciens maîtres
l'ont fait, et nous ne les en trouvons que plus admirables, mais leur
état d'esprit différait trop du notre pour que leurs erreurs naïves et
touchantes puissent servir d'excuse à nos erreurs laborieuses et vou-
lues. Les primitifs, en revêtant la Vierge et les saints de belles robes
florentines toutes brochées d'or, croyaient leur faire honneur en les
transportant dans ce qu'il y avait pour eux de plus beau au monde :

Florence avec Sainte-Marie-des-Fleurs et son campanile à l'horizon ; et s'ils mettaient au Christ et à ses compagnons des costumes de leur temps, c'est que pour eux tous les temps se ressemblaient, tous les pays étaient les mêmes, et que l'Homme-Dieu avait en réalité vécu parmi des seigneurs en hauts-de-chausse et en pourpoints brodés : il avait été traîné au supplice par des lansquenets ou des condottieri, comme les Pazzi. Pour ces historiographes naïfs, les pères et les aïeux portaient le même habit que les enfants ; les Médicis avaient sans trop de transition succédé aux rois mages : et sur ces châteaux forts à tourelles qui leur semblaient vieux comme le monde, Ponce-Pilate devait prêter l'oreille aux chants des troubadours. Puis, à ces époques de ferveur profonde, où pour aller voir des chefs-d'œuvre d'art il fallait entrer dans les maisons de Dieu, où « la mission des peintres était, selon les statuts de Sienne, de manifester avec la grâce de Dieu les choses miraculeuses opérées par la vertu de la sainte foi », les maîtres répandaient dans toute leur œuvre l'ardente piété qui les animait. L'anachronisme était donc au XVe siècle l'effet d'une ignorance enfantine et d'une religieuse candeur. Or nous n'avons plus ni l'une ni l'autre. Lorsque l'humanité a atteint un certain âge, elle ne saurait plus jouer le rôle des enfants qu'en retombant dans l'enfance, et ce même balbutiement qui nous charme dans la bouche du petit être, à peine conscient, qui s'essaie à la vie, devient, dans la bouche d'un vieillard, lamentable et ridicule. »

Voilà de fortes raisons, semble-t-il, mais elles sont peut-être plus spécieuses encore que fortes. Evidemment les primitifs n'étaient point informés comme nous sur l'ethnographie divine ; sans doute ils n'avaient point lu les ouvrages de MM. Zockler, Fulda, Rohault de Fleury et de cent autres sur la Passion, ni profité des fouilles modernes en Chaldée, en Perse, en Susiane, pour leurs interprétations de l'Ancien Testament. Mais étaient-ils si naïfs qu'ils crussent plus que nous à la fidélité de leurs restitutions ? Cette naïveté règne dans l'histoire de l'art à titre de gracieuse légende ; cependant, si l'on arrive à l'invoquer pour transformer en qualité ce qui chez nos contemporains est un défaut, il n'est pas inutile d'examiner en quoi elle consiste au juste et jusqu'à quel point elle peut servir de passeport aux fantaisies des vieux maîtres. A lire certains enthousiastes, on se figure que les quattrocentistes et leurs successeurs vivaient dans la contemplation religieuse comme dans une espèce de tour d'ivoire qui les isolait de toute science profane, de toute information technique. Pourtant cette contemplation n'empêchait pas Benozzo Gozzoli, « le plus chéri des élèves de l'Angelico », dont M. Rio vante les productions « exclusivement chrétiennes », de peindre, comme un Watteau, des embarquements pour Cythère sur les coffrets de mariage [19], ni Van der Weyden de composer des tableaux de bains fort indécents, au dire de Facius, ni Fra Bartolommeo de dessiner ses vierges nues comme des Vénus Aphrodites avant de les transporter sur la toile [20]. Mais laissons là leur candeur et venons à leur naïveté. Que Ghirlandajo peignant la Visitation sur les murs de Sainte-Marie-Nouvelle ne sût pas que la scène s'était passée à Aïn-Karin, d'accord ; mais croyait-il bien qu'elle avait eu lieu à Florence ? Que Van der Weyden ignorât la coiffure de la Vierge au tombeau, c'est probable ; mais pensait-il bien qu'elle fût exactement celle de sa femme [21] ? Gossaërt était-il convaincu que la Madeleine portait sur la tête, pour venir au sépulcre, ce prodigieux *escoffion* des dames du moyen âge ? Botticelli, que l'Assomption s'était passée en face du monastère de Saint-Barthélémy, près de Florence ? Véronèse, que le Christ avait visité Venise, et Rubens que la Hollande avait été le témoin du massacre des Innocents ? Et tous ceux qui se sont représentés eux-mêmes, sous leur costume habituel, assistant à une des scènes de l'Évangile avec leurs parents et leurs amis, croyaient-ils réellement y avoir pris part ? Quand vous êtes au Balais Riccardi, à Florence, et que le gardien fait manœuvrer l'écran réflecteur qui projette la lumière de la fenêtre sur l'admirable *Adoration des Mages* de Benozzo Gozzoli, quels sont les personnages qui apparaissent à vos yeux, chevauchant vers Bethléem ? — Ce sont les Médicis, Cosme, le Père de la patrie, à côté de Laurent le Magnifique, Pierre de Médicis à côté du cardinal Salviati, puis plus loin l'empereur Paléologue, et enfin, dans la foule, le peintre lui-même. Et quand de là vous allez à Pise et que vous errez dans ce Campo-Santo silencieux où l'on est si bien, selon M. Taine, « pour rêver aux grands hommes et à la chose publique, » qui voyez-vous sur les murs, dans la grande fresque de la Tour de Babel ? — Encore les Médicis. Benozzo Gozzoli croyait-il donc que les Médicis avaient vu dans le cours de leur glorieuse existence la nuit de Babel et l'aube de Bethléem ? Et quand vous promenant dans notre Panthéon, à Paris, vous reconnaissez dans les catéchumènes qui assistent au *Triomphe de Clovis* les figures bien connues de MM. Clemenceau et Coquelin, pensez-vous qu'il y ait moins de naïveté chez M. Blanc que chez Benozzo Gozzoli et que l'anachronisme n'ait pas été commis avec la même préméditation par tous les deux ?

A trop insister sur la naïveté des primitifs, on s'expose à ne démontrer que la sienne propre. Il est trop évident, et c'est un *truism* à répéter, qu'en donnant à leurs personnages de la Bible ou de l'Évangile exactement le même costume qu'ils portaient eux-mêmes, les anciens anachronistes savaient qu'ils n'étaient point exacts. Encore s'ils avaient cherché à reproduire les modes anciennes de leurs pères ou de leurs aïeux, mais c'étaient très souvent les modes du jour, la dernière *fashion* dont ils habillaient les apôtres et les disciples de Jésus-Christ. Dans l'*Adoration des Mages* de Van der Weyden à Munich, les assistants portent des souliers à la poulaine et à patins ; dans le triptyque de la Résurrection, un des archers porte des pantalons à pieds, ce qui date tout autant dans le moyen âge que, dans notre histoire moderne, la culotte courte ou la coiffure en catogan. Le fait est tellement connu, que les historiens d'art, pour fixer la date d'un tableau, invoquent souvent la mode précise dont le peintre a paré ses personnages sacrés.

Mais si les anciens se savaient dans le faux, dira-t-on, du moins ignoraient-ils quelle était la vérité. Dans la nuit des temps, ils ne pouvaient rien distinguer de précis, et sans avoir une foi bien grande dans la fidélité de sa restitution, peut-être eussent-ils été fort empêchés d'en imaginer une autre, en sorte que leur naïveté reposait sur leur impuissance. Ils voyaient que ce qu'ils faisaient n'était pas rigoureusement exact, mais ils ne voyaient pas que c'était nécessairement faux, comme le voient les anachronistes de nos jours. — Eh bien, même réduite à ces proportions, l'ingénuité des anciens nous paraît encore très contestable. Tant qu'on se trouve en présence de primitifs qui n'ont jamais observé la cou leur locale dans leurs couvres et qui n'en ont trouvé aucun modèle dans celles de leurs devanciers, on peut croire à leur naïveté absolue et proclamer qu'ils ignoraient les anachronismes dont ils se rendaient coupables. Mais si, d'aventure, on trouve chez les successeurs et les élèves d'un peintre assez bien renseigné certains anachronismes que celui-ci n'avait pas commis ; mieux encore, si le même artiste, après avoir fait preuve de connaissances archéologiques assez approfondies dans une œuvre, les abandonne dans une autre pour se jeter dans l'anachronisme le plus évident, tout l'échafaudage des distinctions fondées sur la naïveté des anciens croule aussitôt.

Or ils sont nombreux les maîtres qui, après avoir très exactement observé la couleur locale de l'Évangile sur tel ou tel point, l'ont délibérément négligée et systématiquement proscrite de leurs grandes compositions. A qui fera-t-on croire que Rembrandt donnait par ignorance des physionomies hollandaises à son Christ et à ses apôtres, lui qui nous a laissé, dans ses eaux-fortes intitulées *la Synagogue*, des types Israélites si curieusement observés et si fidèlement rendus ? Rubens n'a-t-il pas étudié avec le plus grand soin et un bonheur d'expression que nos plus habiles ethnographes ne surpasseront pas, des types de noirs Ethiopiens [22], et cela l'a-t-il empêché de mettre souvent des Européens dans ses scènes d'Orient ? En ce qui touche l'archéologie, ses lettres à M. de Peiresc, bourrées d'observations érudites, ne prouvent-elles pas qu'il avait poussé très avant la connaissance de l'antiquité ? En a-t-il moins bardé de fer, comme des condottieri, les soldats qui massacrent les innocents, et habillé les mères israélites comme des Anversoises ? Gossaërt, qui fit des Juifs si parfaitement allemands sur les murailles de l'hôtel de ville de Nordlingen, n'aurait-il pas vu les têtes si expressives que son maître Dürer a données aux Juifs, notamment dans sa *Sépulture* ? Pareillement, Schulein qui peignit des visages teutons dans son *Joachim et sainte Anne à la Porte d'or* n'avait-il pas des israélites en grand nombre, à Ulm, autour de lui pour lui servir de modèles à une époque où, chassés d'Espagne et même de France, les Juifs refluaient en Allemagne ? Le Poussin ne savait-il pas qu'il y avait des chameaux dans la suite d'Eliezer ? Il n'a eu garde d'en mettre cependant et Le Brun l'en félicite, car « ces objets bizarres pourraient débaucher l'œil du spectateur [23]. » L'exemple de Mantegna est encore plus topique. Si vous regardez son histoire de saint Christophe peinte sur les murs de l'église des frères Eremitani, à Padoue, vous remarquez des soldats romains habillés à la façon des gardes du XVe siècle et une série de spectatrices coiffées du bonnet à double corne qu'on retrouve dans les miniatures de 1450 à 1460 ; vous serez tenté de croire que l'artiste ne savait rien du costume romain et d'admirer, eu cet anachronisme, la naïveté de cet âge d'or. Mais lorsque vous apercevez, à côté, l'histoire de saint Jacques le Majeur devant Hérode Agrippa, du même Mantegna, où se révèle dans les monuments et les costumes une connaissance relativement très approfondie de l'archéologie latine, et que vous apprenez, par les documents les plus précis, que les fresques où règne l'anachronisme ont été peintes *après* celles où domine la couleur locale, vous êtes bien obligé d'avouer que si Mantegna a fait de l'anachronisme dans les dernières, c'est bien parce qu'il l'a voulu et non parce qu'il n'a pas su comment l'éviter. En effet, si cet ami de l'archéologue Félice Féliciano abandonna la restitution archéologique pour l'anachronisme, c'est de propos délibéré, sur les conseils du Squarcione qui lui dit à peu près ceci : « Laisse là ta science froide et tourne-toi vers la vie ! » Et quand Véronèse, venu après Raphaël, après Léonard, après tous ceux qui avaient établi les *canons* du costume religieux, déploie toute sa science des modes vénitiennes et entoure le Christ des *gentildonne* de son temps, il faut bien, malgré qu'on en ait, s'avouer à soi-même que si l'anachronisme ne choque pas, ce n'est pas la naïveté de l'artiste qui le couvre de son voile protecteur ! Et si l'on nous disait qu'à la vérité ces grands maîtres savaient à quoi s'en tenir sur leurs fantaisies anachroniques, mais que la foule moins instruite et plus crédule ne le savait guère et n'en était donc pas blessée, nous répondrions que les sentiments de ces foules nous importent peu. Comment nous autres, sommes-nous choqués par les anachronismes de M. de Uhde, Blanche, Lhermitte et Béraud, tandis que nous ne le sommes point par ceux des Rubens, des Rembrandt et des Véronèse ? — telle est la question. D'ailleurs on se tromperait fort si l'on s'imaginait que tous les croyans acceptaient aussi facilement que nous les acceptons aujourd'hui les anachronismes des anciens maîtres. Savonarole tonnait déjà en pleine chaire de Sainte-Marie-des-Fleurs contre les peintres qui habillaient la Vierge de brocarts, de soies florentines et la couvraient de bijoux et de pierreries, disant qu'ils savaient parfaitement qu'elle n'avait jamais été ainsi et qu'ils en faisaient de propos délibéré *una meretrice* [24]. Et un siècle plus tard, le Saint-Office de Venise citait Véronèse par devant son tribunal et lui demandait pourquoi il s'obstinait à mettre des hallebardiers allemands dans la *Cène* de Jésus-Christ, pourquoi il y introduisait un bouffon, le perroquet au poing, et toutes sortes d'autres anachronismes semblables. Véronèse n'excipait nullement comme on l'eût fait volontiers aujourd'hui, de sa naïveté. Et, les juges de l'Inquisition le pressant de leurs questions, le grand artiste finit par dire : « Je crois qu'à parler vrai, il n'y eut ce jour-là à cette Cène que le Christ et ses apôtres, mais lorsque, dans un tableau, il me reste un peu d'espace, je l'orne de figures d'invention. » Voilà qui est net. Aussi bien que n'importe quel artiste de la place Pigalle ou de l'avenue de Villiers, Véronèse savait qu'il n'y eut jamais de lansquenets allemands à la Cène du Christ. Il savait que ses toiles étaient peuplées d'anachronismes, et, loin de s'en repentir, il en prodiguait toutes les fois qu'il le pouvait. On ne peut donc invoquer sa naïveté pour expliquer que ses anachronismes ne nous choquent pas, alors que des anachronismes semblables nous choquent chez nos peintres contemporains. Comme il n'y a pas plus de naïveté chez l'un que chez les autres, il faut donc qu'il y ait une autre raison pour laquelle les hommes en redingote qui entourent le Christ de MM. de Uhde ou Béraud nous déplaisent, et ceux en robe vénitienne qui entourent le Christ de Véronèse excitent notre admiration.

Robert de La Sizeranne

# Section III

Il reste, en effet, après avoir considéré l'anachronisme aux points de vue rationnel et religieux, à l'envisager sous son aspect pittoresque, c'est-à-dire non plus avec notre entendement, mais avec nos yeux, en nous souvenant qu'il n'y a pas seulement pour juger des œuvres d'art une cervelle raisonnante, ni même une âme impressionnable, mais encore un certain sens du beau et du laid, que Töpffer appelait le sixième sens, et qui a bien aussi son importance. Or cet instinct, appelé à se prononcer sur le costume contemporain dans les scènes de l'Évangile, a bientôt fait de le condamner, non parce qu'il est anachronique, mais tout simplement parce qu'il est laid. C'est ce sens qui est blessé devant les redingotes et les gilets à transparents des Pharisiens ; c'est lui qui soutire, qui crie, devant le dressoir bourgeois de l'auberge d'Emmaüs ; et ce que nous prenons pour la protestation de nos scrupules archéologiques ou de notre sentiment religieux est surtout, au fond, la révolte de notre goût. Il nous répugne de voir les figures grandioses, presque fabuleuses des apôtres, des « pécheurs d'hommes », emprisonnées dans des habits de coupes géométriques, aux plis disciplinés, aux couleurs plates, de sentir leurs gestes souverains masqués, contrefaits, dénaturés par les tournures incommutables du vêtement confectionné, de ne plus retrouver dans leurs apparences plastiques la mâle grandeur et la forte simplicité que l'Évangile révèle dans leur caractère. Cette répugnance, nous ne la ressentions pas tout à l'heure devant la longue tunique de brocart de soie blanche que Benedetto Caliari a revêtue pour venir aux noces de Cana, ni devant l'admirable robe de soie cramoisie dont s'enveloppe Titien jouant de la contrebasse pour récréer Jésus de Nazareth. Ici, la somptueuse harmonie des lignes cadrait avec la majesté du sujet. Même aujourd'hui, revêtez les auditeurs du Christ avec des costumes contemporains, mais magnifiques, et vous verrez que l'anachronisme ne déplaira plus tant. Il y a au Musée de Lyon un très beau Mai de Le Brun : c'est le Christ qui ressuscite, et au-dessous de lui, saint Louis qui lui présente humblement son successeur Louis XIV. Cela n'a point paru très extraordinaire aux beaux esprits de Versailles, et, encore de nos jours, nos yeux s'accoutument à ces vêtements de cour, à ces pourpres et à ces hermines humiliées sous les pieds du Nazaréen, nu comme un esclave. C'est que leurs plis riches et noblement ordonnancés satisfont notre goût de la beauté. Concevrait-on la même scène jouée par deux chefs d'État contemporains, en habits noirs, dialoguant avec le Dieu qui sort de son tombeau ?

Non, n'est-ce pas ! Et pourquoi tel homme d'État qui consacra sa vie à soutenir les doctrines évangéliques, ne ferait-il pas figure sur un tableau de sainteté aussi bien que Louis XIV ? Parce qu'il serait en habit noir, tout simplement. La contre-épreuve est facile à faire. Au lieu de choisir notre personnage contemporain parmi les hommes portant des vêtements inesthétiques, prenons-le parmi ceux que revêt un costume pompeux et largement décoratif, comme celui des cardinaux, par exemple, la scène devient tout de suite plus acceptable. Ne peut-on pas supposer un artiste peignant pour la cathédrale de Carthage une fresque où l'on verrait le cardinal qui la fonda présentant ses Pères Blancs au Christ ressuscité ? Pour contemporains que seraient ces personnages, la scène deviendrait-elle déplaisante, ou choquante, en soi ? En aucune façon. Pourquoi ? Parce que ces personnages font profession de piété ? Sans doute, mais surtout parce qu'ils portent un costume esthétique. Parce qu'ils exaltent notre sentiment du Bien ? Assurément, mais encore plus parce qu'ils ne froissent pas notre sentiment du Beau.

« Il n'y a point de tableau de grand maître, a dit l'auteur des *Salons*, qu'on ne dégradât en habillant les personnages, en les coiffant à la française, quelque bien peint, quelque bien composé qu'il fût d'ailleurs. On dirait que de grands événements, de grandes actions ne soient point faits pour un peuple aussi bizarrement vêtu ; et que les hommes dont l'habit est si guinguet ne puissent avoir de grands intérêts à démêler : il ne fait bien qu'aux marionnettes. » Ce que Diderot pensait du costume de son temps, sans doute plus frivole, mais plus varié d'ailleurs et plus coloré, nous le dirons du notre, cette enveloppe égalitaire qui unifie non seulement les conditions sociales, mais encore les charpentes humaines, recouvre toutes les difformités, masque toutes les malfaçons et loge dans le même paletot, non seulement le chef de l'État et son dernier commis, mais encore l'apollon du Belvédère et Triboulet. Ce n'est pas que notre costume soit laid parce qu'il est uni : le péplum des Grecs l'est bien davantage : ni parce qu'il est noir ; quels magnifiques effets Van Dyck et Rembrandt n'ont-ils pas tirés des noirs ! mais parce que ses formes géométriques, tantôt étriquées, tantôt redondantes, loin de rendre fidèlement les renflements des bras, les saillies des hanches, les courbes du col, les attaches des poignets, les méplats du torse, y substituent la conception rigide et artificielle des tailleurs. Or, s'il est une vérité acquise en esthétique, c'est que le vêtement doit suivre la forme qu'il recouvre, l'envelopper sans la cacher, et l'orner sans la travestir, comme le style fait l'idée. L'opinion de M. Sully Prudhomme qu'une machine est esthétiquement belle en tant qu'expressive ou représentative de ses moteurs est encore plus juste appliquée au costume qui doit être représentatif du corps humain. Cela saute aux yeux, lorsqu'on parcourt quelque collection de costumes historiques ou tout simplement de vieilles gravures de modes. Le pourpoint sied mieux que la redingote où flottent des basques inutiles, la culotte courte mieux que le pantalon qui prête à la jambe le même volume de la cheville jusqu'au genou. La chaussure qui suit exactement la forme du pied est de meilleur goût que la poulaine ou la spatule. Un bras d'amazone est plus gracieux que celui d'une manche à gigot qui semble inventée pour recouvrir une énorme tumeur. « L'habit de nature, dit très bien Diderot, c'est la peau ; plus on s'éloigne de ce vêtement, plus on pèche contre le goût. » La draperie flottante, la toge des anciens ne déroge pas à cette règle : elle la confirme, au contraire, car plus qu'aucun autre vêtement, elle révèle le corps humain. Les plis traduisent le corps qui est sous la draperie, comme les rides et les jeux de physionomie traduisent l'âme. Qu'une jeune fille prenne ce que les Grecs appelaient l'*anabole hémidiploïdion*, c'est-à-dire une longue pièce de tissu souple, carrée, et qu'elle se l'attache aux épaules : aussitôt la draperie reproduit les formes qu'elle recouvre, creusant mille plis révélateurs, et ainsi le vêtement, au lieu d'être décrété d'avance par la main d'un couturier, se trouve être le calque du dessin divin. Cela est si vrai qu'on ne peut considérer la tunique ou le manteau comme de beaux vêtements que s'ils sont souples, c'est-à-dire si leurs plis sont assez fréquents pour exprimer les plus légères saillies, les moindres changements d'attitude et faire sentir le nu : telles les tuniques des canéphores cheminant sur le Parthénon ; une chape massive recouvrant d'une forme sommaire, mais inflexible, tout le corps humain est d'un fâcheux effet, tandis que la calyptre de tissu léger qui moule les Tanagréennes s'éventant avec leur flabellum offre des lignes d'une rare beauté. Il semble donc que, si le vêtement, n'est pas façonné d'avance selon le nu, il doit être souple et amorphe, afin de se modeler sur le personnage qu'il recouvre. Or notre vêtement moderne s'éloigne de ces deux conditions, autant qu'il est possible. Il a sa forme propre, immuable, et tandis que toute la défroque d'un Grec du temps de Phidias, posée sur une chaise, ne donne l'idée d'aucun être organisé, la défroque d'un homme de nos jours constitue à elle seule un bon homme avec ses bras, ses jambes, et, au bout d'une perche, peut faire illusion aux petits oiseaux. Seulement la pièce de tissu carrée ou oblongue, mise sur un être humain, se modèlera sur lui, deviendra un homme, tandis que l'habit restera un bonhomme, quel que soit l'apollon qui entre dedans.

Ces principes rappelés, il va de soi que les bonshommes font peut-être leur office dans une scène de genre, une anecdote peinte, un coin de la vie terre à terre spirituellement saisi, mais qu'ils ne se peuvent supporter dans une grande page d'histoire, de symbole, où l'ampleur des pensées demande l'ampleur des lignes, et la noblesse des sentiments le style des attitudes. Les artistes enthousiastes de 93 l'avaient bien senti, eux qui réclamaient un changement radical du costume moderne, afin de pouvoir exprimer noblement « l'héroïsme de nos guerriers et les fastes sublimes de la Révolution » ; eux qui se plaignaient de « l'ingratitude d'un costume qui fait gémir la toile et repousse le ciseau ». Ces jacobins qui voulaient décréter l'esthétique, comme d'autres décrétaient la victoire, avaient raison, et, en termes moins pompeux, nous dirons la même chose. Sans doute il peut germer de grandes pensées sous la coiffe d'un chapeau haute-forme, et battre un noble cœur sous les revers d'une redingote, mais l'œil qui n'aperçoit pas la pensée voit le cylindre et, sans sonder le cœur, contemple la double rangée de boutons ! Et cette impression des yeux est si forte qu'elle traîne à sa suite toutes les autres. Il n'en est point de même au théâtre, et l'adage *ut pictura poesis* n'a que faire ici. Au théâtre, le personnage d'un être difforme, d'un fou, d'un bouffon, peut, à de certains moments, nous soulever d'admiration, parce que, si l'on voit le personnage, on l'entend aussi, et que l'impression reçue par l'oreille combat celle qu'ont reçue les yeux. En lisant un poème, nous oublions encore plus aisément la difformité plastique, car nos impressions sont successives, et la plus récente provoquée par la sublimité des sentiments efface ou atténue la précédente faite du dégoût de l'aspect physique. Mais dans un tableau, dans une statue, le personnage ne parle pas, ou, s'il parle, ce n'est que par la langue des lignes et des couleurs, et ce sont nos yeux qui l'entendent. Quoi d'étonnant, dès lors, si pour traduire les idées élevées, les sentiments profonds que doivent inspirer les figures de l'Évangile, il faut écarter les tournures vicieuses, les termes impropres, c'est-à-dire les formes disgracieuses, les lignes déplaisantes du vêtement contemporain ?

Et ici, nous devons nous garder de confondre ce qui est simplement laid avec les formes dont nous parlons et que nous appellerons, si l'on veut bien, « inesthétiques ». Une figure de buveur bourgeonnée est laide ; elle n'est pas inesthétique. Un frac de chez le bon faiseur est inesthétique ; il n'est pas laid. Vous dites : Mon bel habit. Or si l'art peut transformer le laid, le faire rire, chanter, pleurer, le dramatiser, le poétiser, il ne peut rien sur l'inesthétique. Voici un feutre informe, tout pelé par l'usure, tout noirci par la pluie, tout roussi par le soleil, avec une plume jadis étincelante qui penche tristement. Il est laid. Vous ne voudrez pas le porter par les rues ; donnez-le à Téniers, à Murillo ; il en fait une loque resplendissante sur l'oreille d'un de ses magots ou de ses mendiants. Mais ne vous hâtez pas de crier que l'art est un grand magicien et qu'il peut toujours, comme semble le dire Pascal, attirer notre admiration par les images de choses dont nous n'admirons pas les originaux. Faites plutôt la même expérience avec le cylindre correct, sorti de chez le chapelier à la mode, et qui est beau pour un cylindre : posez-le sur cette table. Maintenant, appelez tels artistes que vous voudrez : les réalistes, les impressionnistes, les naturistes, les caractéristes, les pointillistes et les rose-croix ; priez-les de faire quelque chose avec ce couvre-chef, en peinture, sculpture, pastel, gravure en taille-douce ou galvanoplastie : ils ne feront rien qui vaille. C'est qu'au rebours du vieux feutre qui n'était que laid, le tuyau de poêle est inesthétique.

Faute de faire cette distinction, l'on commet parfois d'étranges abus de raisonnement. De ce que tel grand artiste a fait un chef-d'œuvre d'un modèle déplaisant, — et le plus souvent ce modèle n'était déplaisant qu'aux regards inattentifs de la foule, — on conclut que le sentiment, la vision personnelle est tout dans l'art plastique, et l'objet rien ou peu de chose. On proclame l'égalité de tous les thèmes et de tous les sujets, de toutes les formes et de tous les traits devant l'artiste. On traite légèrement les règles de l'ancienne composition, du balancement des lignes, les canons de la beauté, et persuadé

Qu'il n'est pas de serpent ni de monstre odieux

Qui par l'art imité ne puisse plaire aux yeux,

on en déduit que, seule, une pusillanimité routinière a empêché nos maîtres d'aborder les scènes vivantes fournies par la science ou l'industrialisme modernes avec leur milieu nouveau, leur attirail utilitaire, c'est-à-dire des vues de locomotives et de marteaux-pilons, des réunions d'habits noirs ou de paletots, des laboratoires de chimistes ou d'électriciens. Par de beaux syllogismes ordonnés, des littérateurs expliquent à nos peintres que l'art doit, pour conserver son influence et son prestige, pour toucher aux *mortalia corda* de l'homme contemporain, s'attacher aux manifestations de la vie moderne dans toutes ses caractéristiques, et que rien d'humain ne doit lui être étranger. Les Renaissans furent grands parce qu'ils peignirent leur temps : peignons-donc le nôtre, disent-ils. D'ailleurs, l'époque plastique de la peinture est, passée, et la simple représentation des belles formes ne peut plus demeurer l'idéal d'une société intellectuelle et psychologique avant tout. Comme la machine est le signe de notre activité intellectuelle, et le vêtement utilitaire la caractéristique d'une génération plus avide de résultats que curieuse d'attitudes, il s'ensuit qu'il n'y a aucune raison pour ne pas leur donner la place des anciens quadriges et des vieilles simarres. En effet, il n'y a aucune raison pour un philosophe. Mais le goût, comme le cœur, a des raisons, que la raison ne connaît pas. Quelque chose l'impressionne plus que tous les syllogismes du monde, c'est la laideur des scènes contemporaines qui encombrent nos expositions. Les peintres qui ont écouté les théories sociologiques de nos écrivains et naïvement sacrifié leur sens inné du beau à l'ambition de traduire fidèlement les aspirations utilitaires de leur temps, ont misérablement échoué. Toutes ces vues de gares de chemins de fer, de réceptions officielles ou de manifestations populaires, de solennités électorales ou scolaires, de cliniques de chirurgiens ou d'hypnotiseurs, d'usines et de chantiers, promues à la dignité de grandes pages de style ou d'histoire, ont excité fort peu d'enthousiasme, bien qu'assurément elles traduisissent nos préoccupations actuelles mieux que le *Serment des Horaces* ou que l'*Entrée des Croisés à Constantinople*. On a pu ainsi constater que l' « intellectualité », la suggestivité même des sujets ne sont pas tout dans une œuvre d'art, et que la beauté des figures et des costumes compte bien aussi pour quelque chose. On commence à ne plus rire autant des sculpteurs qui donnaient une toge à Napoléon ou un manteau de routier à Lamartine, depuis qu'on voit flotter sur les boulevards les redingotes en bronze vert des grands hommes que leur mauvaise étoile fit naître à une époque de réalisme. On excuse les allégories des classiques : la Science, l'industrie, représentées par de belles femmes aux attitudes conventionnelles, lorsqu'on regarde ces machines bizarres et compliquées qu'on a hissées avec leurs inventeurs sur des piédestaux. Devant toutes ces apothéoses scientifiques ou industrielles, on perçoit vaguement qu'il ne suffit pas à une bobine électrique d'être le nœud du progrès moderne pour devenir un agréable sujet de contemplation, et que, si la locomotive porte un monde nouveau dans ses flancs et éveille pour le moins autant de suggestions que le cheval de Phidias, cependant une frise de locomotives courrait risque de plaire infiniment moins que la cavalcade des Panathénées. On comprend enfin que, si le Christ en redingote n'est ni moins religieux, ni moins rationnel que le Christ en pallium ou en simarre, il y a beaucoup de chances pour que l'on fasse du premier une figure moins esthétiquement belle que du second.

Robert de La Sizeranne

Au lieu de tant philosopher, dirions-nous volontiers aux artistes, regardez avec vos yeux et jugez selon votre goût de ce qui est beau et de ce qui est laid, de « ce qui fait bien » et de « ce qui fait mal ». Ne vous préoccupez pas de faire un Christ pour les socialistes, ni un Christ pour les néo-chrétiens, ni un Christ pour les analystes de l'âme moderne. Faites un Christ pour les amoureux de la Beauté : c'est le seul qui soit sûr d'être adoré. Ne songez pas trop à ce qu'ont pu penser les Primitifs au fond de leurs cloîtres, ou les Renaissans dans leurs *cortile* ; ne cherchez pas à ressusciter les « états d'âme » de Masaccio ou de Lippi, ni à hausser vos figures à la psychologie des leurs. Tous ces grands mots cachent des pièges. Songez à faire une œuvre plastiquement belle. Et alors sur la Question qui vient de nous occuper, votre verdict n'est pas douteux. Qui que vous soyez, étant artistes, vous jugerez que la tunique et le pallium du Christ, c'est le beau, que le vêtement moderne c'est le laid, et votre bon sens aura triomphé, sans phrases, d'une gageure ou d'un malentendu.

Le centurion de l'Évangile ne voulait pas que le Christ entrât dans sa maison. « Dites seulement une parole, et mon serviteur sera guéri ! » Hélas ! nous ne savons trop le mot miraculeux et divin qui guérirait la maison moderne du mauvais goût pharisien qui l'envahit, ni le vêtement des préoccupations utilitaires qui l'enlaidissent. Mais, du moins, n'y faisons pas entrer le Christ ni aucune des grandes figures qui ont laissé parmi les hommes un souvenir de beauté. Attendons d'avoir une architecture sobre et grande, un vêtement esthétique, une vie calme et noble. Avant de figurer l'Homme-Dieu comme un contemporain et un compatriote, attendons que les hommes soient redevenus semblables à des dieux.

## Notes

1.    Salon des Champs-Elysées de 1891.

2.    Exposé à Londres en 1861.

3.    Eugène Delacroix, Journal, 24 décembre 1853.

4.    'Voir la Revue du 1er avril 1886.

5.    Dans ses Juvenilia, Londres. 1887.

6.    École de Rembrandt, salle X.

7.    Art Teaching of John Ruskin, Londres, 1891.

8.    Le Christ au Prétoire, exposé à la galerie Sedelmeyer, et de-

puis à l'Exposition universelle de 1889.

9.     Le mot est plus vif encore en allemand : anarchistenfrass.

10.     Les Maîtres d'autrefois.

11.     Camille Lemonnier, les Peintres de la vie, Stevens.

12.     Volet d'un panneau de Mathias Grünewald, commando par le cardinal Albert de Brandebourg lui-même, autrefois à l'église collégiale de Saint-Maurice et Madeleine à Halle, puis à Aschaffenbourg ; aujourd'hui à la Pinacothèque de Munich, salle III.

13.     Fresque du chœur de Sainte-Marie-Nouvelle, à Florence.

14.     Au Louvre, Salon carré.

15.     Pinacothèque de Munich, salle VI.

16.     Musée de Lyon.

17.     L'Art religieux contemporain, 1868.

18.     Guide de l'Art chrétien, par le comte de Grimoüard de Saint-Laurent.

19.     National Gallery. salle II, l'Enlèvement d'Hélène.

20.     Uffizi, salle des dessins des Maîtres, voir cadre 130.

21.     National Gallery, salle XI. Comparer la coiffure de la Madeleine au Tombeau et celle du portrait de la femme de Roger van der Weyden.

22.     Par exemple la tête de nègre de l'ancienne collection Narischkine.

23.     Discussion à l'Académie royale des Beaux-Arts du 10 octobre 1682, résumée par Guillet de Saint-Georges.

24.     Sermon pour le samedi après le 2e dimanche de Carême.

ISBN : 978-1546561071

Robert de La Sizeranne